CENTO SONETTI

PIUTTOSTO ZOZZETTI.

di
Goffredo Rosati

(a cura del nipote Maurizio Rosati)

e ve faccio bôn peso, perché so' 107.

Ma sai com'è: er lettore pò di' "Questo
è brutto, lo butto via ; questo nun me piace,
lo butto via; questo è sbajato, scartàmelo";
leva questo, leva quest'antro,, arimane solo
la carta, e ce se pulisce e r culo. (°)

(°) culo: parolaccia extra.
L'antre stanno ner testo.

ISBN: 979-8-9906959-6-2

This first edition is published by

Catchall Books, LLC
Dexter, Michigan

Catchallbooks.com

AL BENEVOLO LETTORE

Prefazione di Maurizio Rosati

Mio zio, Goffredo Rosati, era una persona coltissima, con almeno due lauree. La prima in lettere classiche, la seconda in filosofia e storia. Era abilitato all'insegnamento di filosofia e storia nei Licei. Seguì corsi di perfezionamento con il celebre Roberto Longhi, il massimo storico dell'arte italiano del novecento. Fu negli anni '50 il vice di Virgilio Guzzi, grande critico d'arte, sul giornale romano Il Tempo, allora molto importante. Io, poco più che bambino, mi ricordo che andavo con mia madre e con lui ai "vernissage" di mostre d'arte moderna a Roma. I pittori sempre in cerca di una sua recensione benevola. Non si curò mai del denaro. Visse come funzionario delle ferrovie dello stato italiane. Si fece stampare biglietti da visita con su scritto:

Goffredo Rosati
Filosofo Nulla facente Nulla tenente

1

Fior de cojone
io ciò intenzione de comincia' bene
e perciò ve presento er mi' blasone.

Ciò su lo stemma mio 'n cazzo rampante
tre palle 'n sôrdo e 'n ucello grifone
un busto fatto a forma de cojone
e tre ricci de minchia sacripante.

Ce sta 'na bella fica gocciolante
un par de zinne e un bischero marpione
che guarda coll'occhietto suo sornione
un bucio a crespe come un sol levante.

Ce stanno un par de corna a larga tesa
e c'è 'na fascia a scacchi che ogni mese
le donzelle, si 'n c'è quarche sorpresa

ce se fano li Conti der Marchese;
e sopra a tutto quanto c'è un'insegna
co' scritto in campo d'oro: LA FE' REGNA.

2

Note autobbiografiche.

C'è chi ama le regazze pudibbonne,
caste Susanne, giji de purezza;
io preferisco quelle che disprezza
la mandra dell'ipocriti, le bionne

che fotteno co' gran piacevolezza,
le brune scoperecce e vagabbonne,
le belle bardracchette: e si diffonne
quarcuno lodi a la castigatezza,

conziji fessi e fesse esortazzioni
a mette in atto le virtù cristiane,
je dirò: "Nun me rompe li cojoni!

Vojo strilla': Evviva le puttane!
fin che avrò fiato in gola, e sarò fiero
d'êsse detto "Goffredo er puttaniero".

3

Antre note autobbiografiche.

Prima ho studiato la filologgia
lingue morte de giorno (Dio che angosce!)
ma a notte lingue vive, e chi conosce
pô di' si queste so' 'na leccornia.

Poi so' passato a la filosofia
e qui so' stato er primo a riconosce
la relazzione tra coscenza e cosce
nonché tra via der retto e retta via.

E adesso che qui er genio me matura
me cresce e 'nfiamma, e fôra schizza e scappa,
chi de voi cerca fasse 'na cultura

penzi a 'sta scenza che me sta a fa' mappa,
e venga qui, che me farò premura
che trovi la cul-tura e la cul-tappa.

4

Fior de Gennaio
l'odore de la sorca pe' me è er mejo
l'ariconsoco de lontano un mijo.

Bella, stènnete qui sur materazzo
famme véde de fica quer bêr pezzo
a di' poco ce n'hai tre chili e mezzo
vasta come 'n portone de 'n palazzo.

È tutta d'un bêr rosso paonazzo,
e pure si a guardalla ce so' avvezzo
è sempre 'no spettacolo e un olezzo
che me fa batte er cor e addirizza' er cazzo.

De pelo sopra ce n'è un montarozzo
che me pùncica quanno te l'appizzo
quer pùncica me lascia er fiato mozzo

e me fa er cazzo ancora più rubbizzo:
èccolo dunque qui che tutto impazza,
apri le cosce e bécchete 'sta mazza.

5

È proprio vero che nun semo eguali
quarche cosa a me manca e a te t'avanza
tu magni e diggerisci in abbondanza
io volo tra li sogni celestiali.

Si te parlo d'angelici ideali
d'estasi de passione e de speranza
a te te s'arimescola la panza
e a le pernacchie tue je metti l'ali.

Così io canto e tu le trippe areggi
io fo silenzio e tu la banda attacchi:
quanno dunque io sospiro e tu scoreggi

quanno parlo d'amore e tu spernacchi
chi me parla pe' te, tesoro bello?
È la voce der côre, a der budello?

Purtuttavia
la parte tua è mejo de la mia
e te lo dico chiaro in poesia:

Fior de patata
donna felice, donna fortunata,
che ciài 'n bucio de culo che arifiata!

[5]

6

Fiore fatale
er cazzo verso te naviga a vela
ciài un culo che me pare un arzenale.

Te vôrti, Caterina, arzi le gonne
me fai l'occhiettto e un riso che m'addanna
te scopri un culo tutto rose e panna
du' cosce tônne come du' colonne:

poi t'allarghi le chiappe rubbiconne
mostri un bucio che pare 'na capanna
er cazzo me se fa più de 'na spanna
e in mezzo ciccia e pelo se confonne.

Tu lo serri tra l'una e l'antra chiappa
quanno che azzecca er bucio e te se ingroppa
come avessi paura che te scappa:

de voja ce ne metti pure troppa
fai forza mentre er culo lui t'attappa,
e, 'n antro po' che strigni, er cazzo schioppa.

7

Te l'ho proprio da di', fior de cucuzza,
quanno de Lujo er solleone impazza,
la sorca tua nun trovi chi l'ammazza,
povero amore mio, tanto te puzza.

Quanno fa fresco er cazzo te ce ruzza
e a forza de scopate te la spazza
ma quanno er sole batte giù de mazza
ogni voja er gran callo la rintuzza.

Abbi pazzienza e nun me casca' a pezzi
contèntete pe' mo' de motti e frizzi
aspetta che a Settembre er callo smèzzi

e che l'ucello me se riaddrizzi:
allora sì che ingrano a spinte e cozzi
allora sì che te li fo li bozzi.

8

Fior de giaggiolo
io su le chiappe tue ce scegno a volo
so quanto a te te gusta a piallo in culo.

Te metti a pecorone e te l'appunto
t'accarezzo le zinne e te le agguanto
parte la botta e t'entro come un guanto
er pelo mio cor culo tuo s'è aggiunto.

Certo pe' entra' nun c'è bisogno d'unto
tu te ne vieni come per incanto
infilo e sfilo e tu m'aiuti tanto
che de veni' pur'io mo' sto sur punto.

Ecco, le chiappe allarghi e 'r culo strigni
spasimi e fremi e mugoli de gioia
tremi tutta, t'incarco e tu me spigni

io so' grande maiale e tu gran troia:
m'afferri pe' le palle e me le strizzi
e dentro a te me fai mori' de schizzi.

9

Fiore de melo
si ar bosco tuo ce porto l'usignolo
quasi me sperdo in mezzo a tanto pelo.

Fregna, che pelo! Lì tra cosce e panza
ce n'hai 'n bosco, 'na giungla, 'na foresta
dentro ce vorèi mette e faccia e testa
e rotolamme pe' quel' abbondanza,

respira' a pieno naso la fragranza
de quer pezzo de fica, e faje festa
de baci e mozzichetti, e lesta lesta
infilàcce la lingua, e più che avanza

più tu godi e io godo, O pelo santo
pelo morbido lungo a vellutato
fa che la tu' padrona per incanto

abbia pietà de me che so' 'ngrifato
e faccia co' la sorca nera e riccia
ar cazzo mio 'n colletto de pelliccia.

10

Fiore elegante
quanno te vedo lì tutta ruspante
sai bene quello che me viene in mente,
de famme 'na scopata sull'istante.

Guarda 'st 'ucello come' è grasso e tozzo
e come in punta è rosso paonazzo:
lo tocchi co' la lingua e parte a razzo
te lo pôi fa' ariva' 'nder gargarozzo.

Bella, la fica tua me piace un pozzo
amore, er pelo tuo me fa esci' pazzo
sbrìghete cara e famo 'st 'intrallazzo
che si no pure ar culo do de cozzo.

Sgrana l'occhioni e guarda si che pezzo
spillùzzichete cicia 'sto rampazzo
apri le cosce e piàzzelo 'nder mezzo

slarga le chiappe a bécchelo 'nder mazzo.
Guarda tesoro mio sì come addrizzo
io nun posso più sta' si 'n te l'appizzo.

11

Fior de Febbraio
pe' li cazzi te butti a lo sbarajo
a quarzivoja minchia dài de pijo.

Quanno guardi 'na statua co' la foja
strabbuzzi l'occhi e fai la voce spenta
pare che quarche cosa te tormenta
e stai sur punto do mori' de voja.

È chiaro, quer riparo te dà noia
pensi all'affare sotto che te tenta
e la grossezza a te nun te spaventa
e la fica te fa la salamoia.

E allora resteressi lì accampata
mesi e mesi, sognanno ad occhi aperti
de fatte 'na mirifica attrippata

coi bei frutti purtroppo aricoperti,
fin che d'autuno cascheno le foje
pe' la gran gioia tua e dell'antre troie.

12

Hai voja, cara, a di' che sei belloccia,
quanno è agosto la sorca ciài molliccia
te fa tutta gommosa la pelliccia
te trasuda, te sbrodola e te goccia.

Er cazzo mio solleva la capoccia,
coll'occhio malincolico te smiccia,
ma te vede così appiccicaticcia
te pensa 'n tantinello e poi se scoccia.

Cara mia, fin che dura 'sta callaccia
er cazzo se ne sta tranquillo a cuccia
nun se la sente più d'anna' a gattaccia,

che 'r sudore je bagna la cartuccia.
Aspetta che arinfresca e 'r callo spiccia
allora sì che famo pappa e ciccia.

13

Fiore dipinto
doppo tanta fatica t'ho convinto
d'apri' le gambe e d'allargalle tanto.

Li peli de la sorca te li prenni
co' du' dita pe' parte, un poco in basso
allarghi e tiri ... Gesù mio che spasso!
Le grandi labbra tutte le distenni

una fiamma ner pelo nero accènni
apri un inferno ruggiadoso e grasso
che ce starebbe pure Satanasso.
Co' 'na sorca così, che più pretenni?

Sta tutta bella aperta, dilatata,
pare un ampio e vermijo padijone
una fornace rossa e aroventata:

e allora er cazzo, che nun è un cojone,
arza la testa, se fa tosto e dritto,
e dentro ce se tuffa, a capofitto.

14

Che t'ho da di': sarò 'n grande animale
ma nun m'ariesce de presta' l'orecchio
a la voce che gira da parecchio
e che dice che l'anima è immortale.

Perciò ho deciso: quanno sarò vecchio
e dovrò penza' pure ar funerale
vojo che proprio avanti ar capezzale
me ce facciano mette 'n grande specchio.

Così, si è vero, me vedrò anna' in cielo:
bionno, co' l'ali rosa, ricciutello,
'na ricca camiciola tutto velo,

er visetto rotonno e paffutello;
e 'r cazzo dritto bello lì davanti
pe' fa' rifa' 'n po' l'occhio a sante e santi.

15

Er cazzo mio se chiama Menelicche
è disputato da cinquanta bocche
venite dunque qui, venite cocche
si sête in callo e che ve sarta er ticche.

Nun me ne importa a me si sête ricche
nun me ne importa a me si sête tócche
me basta solo che nun sête allocche
ch'io ve gioco de cuori e voi de picche.

Venite dunque a me belle baldracche
che io certo nun ciò le palle secche
venite qui e allargate le patacche

che dar pelo ve fo cascà le zecche:
venite: e si nun sete mammalucche
ve fo ripiene come tante zucche.

16

Allàrghete le chiappe, Caterina,
guarda si c'entra 'n po' 'sto strufolone:
già se socchiude l'occhio tuo marrone,
tu sorridenno allunghi la manina

e te lo sparmi co' la vasellina.
Sta ferma a chiappe aperte, a pecorone,
ecco che me te fionno sur groppone
e t'appunto la minchia sopraffina:

aiuteme che metto er pezzo a mollo,
apri la strada a mastro sbuciafratte,
fatte sgraffia' le zinne e morde er collo;

e quanno tre ce ne saremo fatte
staremo ancora stretti, sazi, bôni,
tu rotto er culo, io vôti li cojoni.

17

La fregna, quanno fotti, te borbotta
pare che proprio 'n pô rimane' zitta
se fa 'na lettanìa fitta fitta
durante er su' mestiere de mignotta.

La minchia, a quer rumore de gargotta
a quel lamento de la sorca afflitta
mentre che a fotte seguita diritta
je presta un' attenzione ininterotta.

E' chiaro: ciài la fregna filosofica
com'io l'ucello mio ce l'ho teorètico,
ma si la topa tua fa quarche topica

pure lui rischia de diventa' eretico:
si lei a lui continua a fa' sofismi,
lui passa ar culo, a fa' l'enteroclismi.

18

L'ova de Pasqua.

Cristo è l'agnello e 'r parroco è 'r montone:
jeri ha 'gguantato 'n par de parrocchiàne
e pe' 'nzegnaje le virtù cristiane
in sagrestia l'ha messe a pecorone.

Sculettevano quelle du' puttane
co' le veste riarzate sur groppone:
je se 'nginocchiò dietro in orazzione
zi' prete, sfoderò da le sottane

un asperzorio co' 'n un par de palle
da stòrce l'occhi e accappona' la pelle
e allargate le chiappe a le sorelle

je lo sbatté dentro l'oscura valle:
ruggì come un leone e se ne venne,
lavoranno du' culi in un ammènne.

19

Fior de betulla
si Marianna l'ucello me lo sgrulla
m'ariduce che vado a Santa Calla.

Ciaveva 'na manina da dipigne,
piccola, delicata: Raffaello,
se la sarebbe presa pe' modello,
tant'era fine e de bellezza inzigne.

Io je dissi: "Su, famo a chi più strigne:
io te strigno le zinne, e tu l'ucello;
e 'n gioco che 'n ce n'è 'n antro più bello,
vedemo chi più tira e chi più spigne."

Me prese in mano palle, ucello e pelo,
e cominciò a strizza'; ma così forte
che me fece vede' le stelle 'n cielo.

Chi ce pensava a così triste sorte?
Stretta d'acciaio, ucello disgraziato,
me scoppiorno le palle, e so' castrato.

20

Fiore de Marzo
guarda qui si che radica de torzo
si 'n te lo becchi 'n sai quello che hai perzo.

Si ar cazzo mio je metto 'na corona
de penne nere, pare 'n capo Apache
si lo 'ncorno me pare 'n toro a pasce
cor campanaccio sotto che je sôna.

Si me lo tocchi tu bella trippona
me pare certo un morto che arinasce;
si je metto berretta e manto e fasce
pare 'n prete che a messa ce cojona.

E' lungo grasso grosso e badiale
è veramente 'n cazzo benedetto:
ar prepuzio me pare 'n cardinale

a le palle me pare 'n chirichetto;
a la cappella rossa e fatta a rapa
pare la testa de cazzo der Papa.

21

La valiggia de le Indie.

Un giorno 'na masnada de briganti
assartorno pe' via 'na commitiva
e mentre chi strillava e chi sveniva
'na sposina a lo sposo co' tremanti

parole, disse: "Prima che ciariva
'n antro, dà a me l'anello coi brillanti!"
E lui: "Perché?" — "Perché ciò qui davanti
un posticino indove anima viva

nu' lo verà a cerca'. E 'ste facce ladre
'na vorta tanto resteranno a zero."
Lui la guarda, ce penza, poi fa: "Ah, Giggia!

che sfortuna che qui nun c'è tu' madre!
Co' quer mezzo, si c'era lei, davero
che sarvavamo pure la valiggia!"

22

Fiore de cesta
a chi sur tranve er culo te l'attasta
ce fusse er caso je dicessi abbasta.

Mo' so che te la vôi fa ripara',
che così rotta nun te garba più:
come s'è rotta lo sai solo tu,
quer che fu fu, quer che sarà sarà.

So curioso però chi lo farà
'sto lavoro, che manco Berzebbù
a foderallo tutto de caucciù
quer tu' buciaccio lo potrà stagna'.

Me sa che 'sta bbernarda te convie'
de portalla a Barnarde: quello sì,
si er modo d'aggiustalla più nun c'è

co' una nôva la po' sostitui'.
Ma, rinnovata, quanto durerà
si un'ora senza cazzo nun sai sta'?

23

Pare che proprio te ce 'nferocisci
agguanti l'orinale e te ce accosci
apri le cateratte e piove a scrosci
pari Funtan de Trevi quanno pisci.

Le palle m'accarezzi e er cazzo allisci
ma tu da tanto tempo me conosci
co' quer rumore orrendo tu m'ammosci,
bella lo sai, perché te ce stizzisci?

Tremo davanti a la marea che cresce
e me sento assalli' da mille angosce
penso ar getto che t'esce tra le cosce

chissà nun ce sia pure quarche pesce:
io nun posso più vive in queste ambasce,
pìscete er core, e me farai rinasce.

24

Fior d'Agnus Dei
san Tafanaro t'ha aiutato assai
t'ha dato un culo a te che fa pe' sei.

Sul letto a pecoroni te molleggi
me metti in vista entrambi li passaggi
li cojoni me pizzichi e massaggi
er cazzo me scappucci e ce folleggi.

Tu l'inculata bene assai la reggi
nun te pôi più tene', si er cazzo assaggi
a spigne fino in fonno m'incoraggi
tra le chiappe der culo lo palleggi.

Comodamente tu dentro m'alloggi,
ma, si lo sfilo, a te dar deretano
succede 'n fatto che me lascia groggy,

te sorte de scoregge un uragano;
e nun so, bella, quanno tu scoreggi
si ar cazzo je sospiri, o lo beffeggi.

25

Fiore appassito
oggi ciò er cazzo tutto ciurcinato
e quanno lui sta male, io so' fottuto.

Tutte me s'attaccaveno all'ucello
giorno e notte tenevo er pezzo a mollo
de patacca ero pieno fino ar collo
stavo sempre a giostra' de mazzarello.

Ma ahimè è finito adesso er tempo bello
da quarche giorno er cazzo ce l'ho frollo
ho paura che presto ce sia 'n crollo
più me lo guardo e più pare un macello.

Già me se raggrinzischeno le palle
già me se intisichisce la cappella
ricoperto me s'è de croste gialle

puzza che accora.....Addio, povera stella!
Donne e regazze mie piagnete forte,
er re dei cazzi è condannato a morte.

26

Questo sessantanove, di', l'arischio?
Dici: "Ma de pompini io so' un'esperta
e ciò la fica come un fiore aperta!"
Lo so', e la faccia tutta ce la mischío

co' naso e bocca e lingua la cincischio
la morbida patacca da te offerta
rossa, calla e de pelo ricoperta.
Però però, co' te c'è un grosso rischio:

mentre che io più a fonno te la lecco
e ner sugo de sorca più m'invischio
d'improvviso me scarichi sur becco

du' scoregge cor botto e una cor fischio
du' scoregge cor fischio e una cor botto
e poveretto a me, che sto de sotto.

27

Ciavevo un cazzo ch'era un monumento
e me pareva er re de princisbecco,
adesso s'è ridotto ch'è 'no stecco,
'no straccio da butta': dondola ar vento

la pioggia che vie' giù je dà tormento
la callaccia lo fa grinzoso e secco.
Più nun c'è botta sua che vada al lecco,
la porvere lo copre: fa spavento

e pietà. Semo ar dunque. Ecco, la tromba
fatale sôna, e via: scorreno rapide
l'urtime ore; s'appresta già la tomba

e, su la tomba, incisa c'è 'na lapide
C.C.S.S.P.P.: parole amare
"Cazzo Che Serve Solo Per Pisciare."

28

Er manico de la panza.

'Na vorta, annanno insieme a passeggia'
un padre e 'n fijo vedeno un somaro
co' l'ucello incordato; e 'r pupo, ignaro,
se ferma e chiede: "Me sai di' papà

quello ched'è?" E 'r padre in fretta: "Caro,
quello che vedi è un asino che cià
'na grave malattia". Senza fiata'
er pupo tira via. Ma dopo 'n paro

de giorni, ripassanno pe' quer sito
co' la madre, pe' caso lì arivede
'n antro somaro in quell'istesso stato.

Chiama la madre, e fa, segnanno a dito:
"A ma', vedi? Pe' quello lì me diede
papà la spiegazzione, che è malato!"

Trattiene er fiato
la madre, ner vede' quer coso strano,
poi fa: "Ma che malato! Troppo è sano

quer marufano,
e ciavesse tu' padre, pupo bello,
tanta salute come ce l'ha quello!"

29

Fiorin fiorello
la cosa più gradita pe' l'ucello
è un bucetto de culo tenerello.

È inutile: le chiappe ce l'hai piatte
e stanno tra de loro strette strette
de fôri te ce spunteno l'ossette
pareno proprio 'n paro de ciabbatte.

Hai voja a smove er culo e dimenatte,
er tafanaro in mostra lo pôi mette
ma nemmeno li furmini e saette
te pônno fa trova' chi te lo sbatte.

Vôi fa' l'agitatrice de le masse
cammini sculettanno in cento mosse
ma mai nun ce fu fesso che abboccasse

e mai cazzo ce fu che se commosse:
er culo, bella mia, a le donne racchie
je serve solamente a fa' pernacchie.

30

Guarda: io te la porto la banana
e tu penza ar pompermo, Caterina;
le mele ce l'hai belle lì in vetrina
e pôi fa' 'n par de pere a la romana;

coi labbrucci me sbucci la susina,
quindi io t'empio de panna sopraffina
la coppa che ciài sotto la sottana
e intigno 'sto babbà ne la fichina;

su tutto 'sto bêr dorce te ce metto
cor ciuffo suo 'n bêr pezzo d'ananasso
e tu le fragolettte che ciài 'n petto

e la mora che porti lì da basso:
ecco fatta così 'na macedonia
degna der Re Fottino de Chiavonia.

31

Fiore d'Aprile
famese 'na scopata in grande stile
méttete sopra, a me a smorza candele.

'Na mattina me stavo a fa' 'na pippa
quanno me dissi: "Sta sfortuna è troppa!
Qui nun se pô campa' si nun se 'ngroppa
famme prova' 'nder buco de Filippa

si me la fa scarventa' 'sta cippa
de cazzo che sbullona indove intoppa
che si sbucia 'na fregna te l'accoppa
nu' gne pò contrasta' buco de trippa.

A le palle Filippa me s'aggrappa
l'ucello co' le labbra m'avviluppa
me lo spompina infino a che fa mappa:

ma tra le cosce sento ch'è già zuppa,
lei pure sento sta a partì la sleppa
me sale sopra e dentro se l'inzeppa.

32

Er masochismo.

Er cazzo me diverto a martrattallo
lo buco a parte a parte co' 'n trivello
er pelo je l'abbrucio sur fornello
co' la carta vetrata sto a raspallo.

Le penzo proprio tutte pe' strazziallo,
co' le pinze roventi me lo spello
a fettine lo tajo cor cortello
cor trinciapolli sogno de squartallo;

lo puncico e smerletto co' 'no spillo
a spinte e strattonate me lo scrollo
lo torco e rintorcino, e, manco a dillo,

l'agguanto stretto e poi je tiro er collo;
però er divertimento mio più bello
è acciaccamme le palle cor martello.

33

Quanno ciài l'una e l'altra coscia aperta
la sorca tua pare 'na bocca storta;
un labbro via dall'altro s'arivorta
cià 'n'espressione vacca che sconcerta.

Er cazzo esploratore va in scoperta
grufola e sniffa avanti a la tu' porta
quell'odorino tutto lo conforta
se spigne avanti e dentro ce se imberta.

Ma quella smorfia quanno che te fotto
nun t'annisconno che me dà imbarazzo
nun so si è smorfia der gioco del lotto

oppuremente der gioco der cazzo:
ma so che a te te piace, bella porca,
e quindi nun fa smorfie co' la sorca.

34

Fiore d'ibbisco
la sorca è un mare magno e 'r cazzo è 'n pesce
che nell'abbisso ce se 'nfila liscio.

Bella che a li cojoni me t'attacchi
pôi gioca' quanto vôi co' 'sti balocchi
ma fa attenzione quanno me li tocchi
che nun me li strapazzi e me l'ammacchi,

perché me so' preziosi come l'occhi.
Tu co' le zinne je li fai l'impacchi
poi dorce co' li denti me l'intacchi
e tra le labbra rosse te l'imbocchi.

Me ce fai antri mille e mille trucchi,
perché sai, nun so' certo fichi secchi:
questi so' dell'amore l'alambicchi

che stanno a distilla' li mejo succhi
e tutti questi succhi te li becchi
quanno che 'r cazzo in panza te lo ficchi.

35

Nobblesse obbligge.

Lo volete sape' de quell'usanza
ch'è tanto in voga presso li signori,
cioè che quanno stanno a renne onori
a le donne, co' tatto e co' creanza

je baceno la mano? Che s'ignori
l'origine der fatto, è 'na mancanza
grave assai, pe' riguardo all'eleganza,
ar costume, a la storia, ai baciatori.

Fu così dunque: un giorno 'na contessa
dentro un salone der palazzo avito
disse a 'n barone: "Ogni discorzo è vano,

né scusa arcuna ve sarà permessa:
stavorta, me la so' legata ar dito!"
E fu così che nacque er baciamano.

36

Ciài tanto pelo tu sotto l'ascelle
me ce potressi spazzola' le palle,
so' du' foreste nere che a guardalle
l'ucello mio nun sta più ne la pelle

e me se 'ncorda da vede' le stelle.
Pure la sorca tua pare 'na valle
d'inferno, e ciài du' cosce che a ammantalle
un antro bosco c'è fitto e ribbelle.

Su 'sta sorca che pare barbariccia
cor pelo ce pôi fa' 'na bella treccia,
però l'ucello mio nun ce s'impiccia

se districa a la mejo e dentro sfreccia
e avviluppato là ringrazzia er cielo
che je pare de sta' in un sacco a pelo.

37

Fiore d'ortica
un lampo 'n sarà mai così veloce
come er métte d'accordo e cazzo e fica.

La sorca tua cià un'aria da smorfiosa
storce le labbra lì tutta confusa
pare che 'r cazzo proprio lo ricusa
li baffi arriccia e fa la smancerosa.

Invece, appena vede la pelosa,
come un gattino che sta a fa' le fusa
er mi' cazzetto allegro te l'annusa
indove è più segreta e ruggiadosa.

Ed ecco s'apre lei tutta contenta
morbida rosea dorce umida e pronta
er micio imbardanzito ce aritenta

ne vie' 'n poema che nun s'aricconta:
mo' de felicità ce n'è poi tanta,
mo' er cazzo ride, e mo' la fregna canta.

38

Quanno cachi me pari un uragano
quanno pisci succede 'n' alluvione
quanno scoreggi scateni un tifone
che te sconquassa tutto er deretano.

Teribbile e infernale è quer baccano
de botti e scroscì e puzze e confusione,
è 'n cataclisma senza paragone,
da lascia' senza fiato ogni cristiano.

Eppure, co' 'n coraggio sovrumano,
in mezzo a tanto vento de tempesta,
er cazzo mio me pare 'n capitano

che governa la nave a lancia in resta:
aspetta che tu arzi er pappafico
e te se 'nfila sverto che nun dico.

39

Dice che Iddio se leverà lo sfizzio
de condanna' l'intera umanità:
una tromba tremenna squillerà
e quanno sarà er giorno der giudizzio

tutti li cazzi andranno a precipizzio.
Le sorche vôte doveranno anna',
aperte e scoperchiate, in qua e in là:
a la faccia der cazzo, che supplizzio!

Più che penso a 'sto strazzio e più m'impazzo
e 'r cazzo in ozzio certo nun lo lascio,
lo faccio forte contro ogni strapazzo;

e quanno annerà er monno a catafascio
armeno potrò di' "Cazzo d'inferno,
possi anna' pure in culo ar Padreterno!"

40

"Pelo de sorca nero e vellutato,
pe' voi io me scappello e ve saluto."
Così dice l'ucello che è venuto
a salutà un buciaccio strapanato.

"Pelo de cazzo, riccio e pettinato,
fàteve sotto e siate er benvenuto;
io ve vedo rubbizzo e nerboruto,
che sia lodato chi ve cià mannato."

Prego signora sorca, e bondì cazzo,
a 'ste maniere io me diverto un pozzo
perché nun so' villano da strapazzo,

ma nobbilomo fino ar gargarozzo:
e 'sto cazzo gentile e cicisbeo
ve se 'ncula co' tutto er galateo.

41

Fiore de Maggio
sur cazzo dritto fàmmelo un arpeggio
che poscia tra le chiappe te l'appoggio.

Er cazzo mio è un maestro de cappella
che nun ce ne sta uno più perfetto
a 'nzegna' er do de panza e 'r do de petto
e come hai da tene' la ciaramella

in bocca, e in mano er pifero. E tu bella
si canti SI LA DO, te fa un larghetto
introduzzione adaggio, co' 'n effetto
che t'arimove tutte le budella.

Si tu te la profumi e te la lavi,
lui sôna, canta, fischia, e poi dirigge,
battenno in quattro quarti e in sette ottavi

dove la sorca più te rode e frigge;
si arzi er pentagramma e poi sorfeggi,
se 'nfila pure indove tu scoreggi.

42

Fiore de cacca
basteno pe' paga' la tu' patacca
un cazzo e 'n accidente che te spacca.

La donna, amico bello, è sempre eguale,
e vo' 'na cosa sola, 'n ce so' santi:
vo' solo sòrdi, lucidi e sonanti,
l'assegni circolari o la cambiale.

Quarcuna ar pagamento pe' contanti
preferisce la forma rateale
che sarva li quatrini e la morale
e se fa in chiesa, in mezzo a incenzi e canti.

Quarche antra tu la pôi pure trovà
che te risponne a le proposte tue
che manco pe' un milione nun ce sta;

ma tu nun crede a le parole sue:
quella nun dice no pe' l'onestà,
ma perché, de milioni, ne vo' due.

43

Fior de racemo
mo' te posso canta'"Bella ce semo"
che la sorca è 'na barca, e 'r cazzo è er remo.

Baffetti ricci e labbra de corallo
la tu' sorchetta ride e vo' er trastullo,
aspetta, che l'ucello me lo sgrullo
e poi de corsa vengo lì a ficcallo

indove che sta dorce e che sta callo.
Ecco che arza la testa e se fa bullo,
tra pelo e pelo le distanze annullo,
batto a le chiappe e te ce fo rimpallo

appunto, spigno, e metto er pezzo a mollo.
Uh questo gioco quanto quanto è bello,
la sorca è ruggiadosa e 'r cazzo arzillo,

io dentro me ce fionno a scapicollo
e starei sempre a fa' piso pisello,
a mette in cassaforte 'sto gingillo.

44

Oggi so' penzieroso e sto abbacchiato
in preda a 'na teribbile ossessione:
"So' più bbône le serve o le padrone?
E' mejo er culo fino o spampanato?"

Quanno le zinne loro hai comparato
e j'hai messo a confronto le baffone,
senza pote' ariva' a 'na soluzzione
t'aritrovi cor cazzo ch'è incordato.

E allora? Credi a me, la decisione
falla pia' ar cazzo, che cià un occhio solo
ma vede mejo e cià sempre raggione,

ché certe cose le capisce a volo:
méttele a letto, allargheje le gambe,
zompeje addosso e fóttetele entrambe.

45

So che pe' te è na voluttà suprema:
doppo magnato cotiche e facioli
la panza abbòtti che pe' poco voli
e allènti 'na scoreggia ch'è 'n poema

che 'r mare gonfia e che la terra trema.
De gargarozzo oscuri lune e soli
lancianno ròtti all'equatore e ai poli
con un fracasso che giammai nun scema;

e de rumoreggia' t'inorgojisci
sì che quanno t'accosci e pisci a scroscio
pare a tutti succeda un catafascio.

Pero, si fai cosí, bella te lascio
perché più che tu pisci e più m'ammoscio:
de fa' tanto casino, la finisci?

46

Quanno te metti a séde lì in portrona
co' le cosce riarzate sui braccioli
quasi me fai pija' l'infantioli
te se spalanca tutta la baffona:

un pelo nero e riccio l'incorona,
le grandi labbra so' come ravioli
er ciccio pare er re de li cannoli,
cià 'n'espressione pare 'na persona.

Si te disegni sopra la panzetta
un par d'occhiali e ne la fica metti,
come a falla fuma', 'na sigheretta,

ecco che i connotati so' perfetti,
e fa 'na smorfia quela tu' sorcona
che nun so si me ride, o me cojona.

47

Fiori de prati
i cazzi vanno a sorche come i frati
incappucciati e pure scappucciati.

Pe' 'na stradetta ombrosa de campagna
diretta ar bosco 'ndo' se fa la legna
allegro se ne va 'n pezzo de fregna
e 'n bêr pezzo de cazzo l'accompagna.

Solo a vedello lei tutta se bagna
e a lasciallo scappa' nun se rassegna.
Dice: basta che questo nun m'impregna
a scopa' tutti e due ce se guadagna.

E detto fatto quer bêr cazzo impugna
la saliva a lustrallo nun sparagna
lo succhia come si fosse 'na prugna,

de baci e mozzichetti se lo magna:
lui spasimato a la patonza agogna
e tutto quanto dentro ce se infogna.

48

Fiore de mazza
ciò 'na cappella rossa paonazza
così bella che chi la vede impazza.

Er cazzo, più cià la cappella ardente
e meno se pô di' ch'è già defunto
che anzi è lustro e tosto e liscio e unto
e contro sorche e culi onnipotente.

Lui prega tutto er di' devotamente
de èsse co' la vergine congiunto,
ché co' le verginelle giustappunto
è particolarmente intraprendente;

e cià poi 'na modestia che t'incanta,
quanno che prega a testa in giù la fessa
mistica da dove esce l'acqua santa:

poi, confessato e pronto pe' la messa
ariarza la testa co' 'n sorriso
e se 'nfila beato in paradiso.

49

Fior de giaggiolo
so che l'ucelli tu li piji a volo
acchiappa questo e méttetelo ar culo.

Tra tante e tante donne c'è chi brilla
perché la sorca ce l'ha linda e netta,
adatta che nun è larga né stretta
e 'r pelo riccio e moro je sfavilla;

o perché quanno scopa geme e strilla
che uno più ce n'ha più je ne metta
o a lavora' de lingua è sì provetta
che quarsivoja cazzo, tosto ingrilla.

Chi cià la pelle vellutata e liscia
e chi la panza cià che nun se sbraca,
chi nun manna scoregge quanno caca

e chi nun fa rumore quanno piscia:
tu brilli in mezzo all'antre paragule
perché ciai 'n culo che pare 'n baule.

50

L'autarchia.

Mentre Noè nell'arca all'animali
deva a la mejo 'na sistemazzione
guardanno co' la massima attenzione
che fossero accoppiati e in parti uguali

maschi e femmine, sotto de l'occhiali
so vidde intrufola' solo e sorrione
un pesce senza pescia. "A mascarzone!"
je fa, "Nun te squaja' pei cantonali!

Senza femmina, qui, nun entri mica!"
Er pesce strizza l'occhio, e: "Statte zitto,
che mo' te spiego in men che nun se dica:

caro Noè, 'sto pesce sottoscritto
d'ave' femmine intorno se ne frega:
e sai perché? Perché so' er pesce sega!"

51

Fior de speranza.
si quarche vorta avete er mar de panza
io ce l'ho qui pe' voi la cura pronta
'n cazzo grosso così, che basta e avanza.

Io ciò 'n cazzo davero cibernetico
che appena appena vede 'n par de natiche
pe' dimosta' quanto je so' simpatiche
scatta s'addrizza zompa e fa er frenetico.

E' 'n cazzo, dico, superenergetico:
perciò donne si sête 'n po' lunatiche
sête stufe de fa' l'aristocratiche
e de grattavve solo er lato estetico

venite qui e guardate si è granitica
'sta mazza che ve s'offre all'occhio estatico,
che nun ammette biasimo né critica;

e provàtela tosto all'atto prático:
questa ve gratterà pellone e cotiche
ve leverà le nebbie cervellotiche.

52

Fiore de Giugno,
guarda 'stocazzo, è lungo 'n parmo e 'n pugno
si nun ammorgi te lo do 'nder grugno.

Cosce de burro e sorca tutta panna
ciò 'n ucello che pare 'na colonna
e li carzoni quasi me li sfonna:
abbi pietà e nun èsse più tiranna

prepara quer buciaccio che m'addanna
scosta li peli e fa la sorca tônna
che te l'attappo pe' quant'è profonna
e arriva' te lo faccio fino in canna.

Cazzo che a culi batte e sorche picchia
nero ingrifato e rosso a la capocchia
è questo mio: si t'entra pe' 'na 'nticchia

è certo che te squassa e te sconocchia:
ma si sei ben disposta lui ridacchia,
t'ariempe tutta, e sentirai che pacchia.

53

Te ne stai, bella, co' la sorca ar vento,
è sera e c'è 'n'arietta ch'è un incanto
er cielo già s'è fatto d'amaranto
er mare già s'è fatto tutto argento.

Eppure c'è quarcosa che scontento
me fa de botto, e me sconturba tanto,
quarche zaffata che me passa accanto
e me guasta er poetico momento:

Infatti sniffo un certo odor de pesce
che a te t'esce diritto tra le cosce
e nun c'è più profumo che riesce

a veni' fôri e fasse riconosce:
povero er naso mio, me se strabbuzza,
la notte olezza, ma la sorca puzza.

54

Fior de verbena
la sorca è 'na gran fia de 'na puttana
che 'r cazzo deve sempre fa' sta' in pena.

Er cazzo è tosto e la patonza è matta,
lui cerca er buco e lei, tutta mignotta,
nun gne permette d'affonda' la botta,
lo fa affaccia' un tantino e poi lo sfratta.

Povero cazzo! Lui ce se arrabatta,
ner pelo riccio tutto s'inciappotta,
fumiga come fa 'na pera cotta
è rosso in punta che a momenti schiatta.

Tra cazzi strani e sorche stravaganti
se fanno sempre 'n po' 'sti complimenti
e così ne conosco tanti e tanti

che a gioca' a questo gioco so' contenti:
la sorca fa zipitì zipitè
poi se decide, e 'r cazzo in buca c'è.

55

Er cazzo è 'n coso un tantinello buffo
è lungo e tonno a forma de siluro,
è infilereccio, e in ogni buco scuro
vo' sempre lavora' come stantuffo.

Quanno tu tra le cosce allarghi er ciuffo
lui de botto s'addrizza e se fa duro,
ner pelame s'intrufola sicuro
punta a la sorca e ce se fionna a tuffo.

Sorca nun c'è che possa esse ribbelle
pure si ne ripassi mille e mille:
è un ucello da fa vede' le stelle

e a ogni botta che dà manna faville:
è un cazzo che cià testa e nun cià spalle
e se sprofonna giù fino a le palle.

56

Margheritona va pe' la via spiccia
me scavarca da sopra e giù me schiaccia
le gambe allarga e me strofina in faccia
la fiammeggiante su' sorcona riccia.

Le manine gentili me le allaccia
a le palle, scapocchia la sarciccia
sulla cappella le labbrucce aggriccia
dall'ucello me succhia l'animaccia.

Tra le cosce me strigne la capoccia,
come un sorbetto er cazzo me lo ciuccia
er sugo se lo suga goccia a goccia:

poi lentamente sopra a me s'accuccia
e mentre soffocato me l'abbraccio
'n parmo de lingua in fica io je caccio.

57

Fior de corolle
Ninetta mia nun m'ariconta'balle
l'hai da pia'in culo e hai da vede'le stelle.

Bella mia, tu me parli de canasta
e invece io ciò er cazzo che s'intosta;
dici che a brigge me dài 'na batosta,
che a briscola pe' me tu sei nefasta,

che der gioco de scacchi sei entusiasta,
che sei pronta a punta' qualunque posta,
ma io pe' te ciò un'unica risposta:
su 'sto discorso famo punto e basta.

Vie' qui, ch'io pure te l'insegno un gioco
che davero più mejo nun ce n'è,
che dentro ar sangue a me me mette er foco

e te mette in calore pure a te:
arza le veste, vôrteme er groppone,
e te fo vede io si che scopone.

58

Nu' la pija' 'na moje senza dote!
Nun te fida', che troppo, troppo inganna
l'amore, e troppo sbaja chi s'affanna
a sposa' una co' le mani vôte!

Lei dice: "E' vero, so' povera in canna
ma tu nun ce penza' a le banconote;
penza a chi disse dall'età remote
che a sposa' basta 'n core e 'na capanna:

fa conto questa sia 'na dote nôva!"
Che fregatura, e in che maniera indegna,
quanno poi, sur più bello, lei dà prova

che la sua è la gran dote de Carpegna
e lui quella capanna je la trova
bella spazziosa, ar posto de la fregna!

59

Donne che 'r culo ce l'avete rotto
fate bene attenzione a 'sto sonetto
chinàteve e allargate er bucetto
che dentro ve ce metto er passerotto.

Sapevo ch'eri 'n tipo setoloso
e che li peli tui sorteno invitti
da ogni confronto, neri irsuti e fitti,
che ogni loro cespujo è portentoso.

Pure er bucio der culo ciài peloso,
co''na fila de peli densi e dritti
che tutto intorno stanno lì confitti
e l'ingresso te fanno più rasposo.

Così quer bucio tuo quanno lo bacio
me causa 'n pizzicore che me côcio
me pare de bacia''na grattacacio;

e quanno co' l'ucello me ce infrocio,
in mezzo a queli stecchi, nun è pappola,
er cazzo pare proprio un sorcio in trappola.

60

Fiore de Lujo
scùseme si tra culo e sorca sbajo
quanno de notte te lo infilo ar buio.

Come minimo, Lina, me te 'ngroppo
senza gnente bada' 'ndove che 'ncappo
sia culo sia patonza io te l'attappo
tutto dentro te schiaffo 'sto malloppo.

Mastro ciufolo qui nun teme intoppo
e davanti e de dietro me te pappo:
l'hai da becca', t'allappo o nun t'allappo,
infino a quanno strillerai ch'è troppo.

Strabbuzzi l'occhi e 'n gemito te scappa
stai a scontorce e a dimena' la trippa
perché l'ucello dentro te fa mappa

o 'r pistone 'nder culo te se 'ngrippa:
ma 'n ce posso fa' gnente, e a prora o a poppa,
quello che rompo, mettece 'na toppa.

61

Er cazzo mio somija a Pietro Micca,
è un minatore che ogni grotta spacca:
pe' anfratti e gallerie cerca patacca,
si vede 'n buco nero ce se ficca.

Nun ce sta varpelosa che l'impicca,
puttanona nun c'è, nun c'è bardracca
che 'n se ritrovi tutta rotta e stracca,
ma tant'è, contro lui nun c'è ripicca.

Cià du' palle che esplodeno all'inzecca
intrufolato 'ndove tocca tocca;
la gelatina sua mai nun se secca,

carica, appunta, e la su' botta scocca.
Lo vedi armato e l'occhio te sfavilla,
le chiappe allarghi, e lui la mina brilla.

62

Méttete co' le spalle ar muro, bella,
sopra 'na sedia tie' 'na gamba arzata
la sorca tua sta bene spalancata
te se vedeno pure le budella.

Me s'arimove a me la coratella
ar pensiero de famme 'na scopata
er cazzo già la testa ce l'ha arzata
già s'è scoperta tutta la cappella.

Ma tu dài 'na spremuta a la vescica,
e da gran bella fia de 'na puttana
allenti er mare grosso de la fica,

te metti a piscia' come 'na fontana:
e 'sto povero cazzo ciurcinato
dentro a quer mare è bello che affogato.

63

Vie' qui Ninetta mia, nun fa la stronza,
guarda, bella, 'sto manico de panza
come verso de te grintoso avanza,
come sospira pe' la tu' patonza.

Intorno ar bucio tuo lui sempre ronza
pieno de voja de mena' la danza
voja de fotte ce n'ha in abbondanza
e de scopa' sempre aripenza e ponza.

Sarebbe veramente 'na scemenza,
'sto bêr cazzetto che nun fa 'na grinza
a nun daje permesso e confidenza

lui che de cose bône te rimpinza:
perciò, Ninetta, allarga la coscenza
e fattela 'n po' fa' la prepotenza.

64

D'ideali ripiena e de grannezza
la maestra romantica e sognante
diede a la scoláresca scarpitante
un tema in classe d'un'immenza artezza:

"Svolgete brevemente e con chiarezza
nella forma italiana più elegante
un argomento eccelso e edificante
di Religione, Nobiltà e Bellezza."

Davanti a cose tanto poderose
Pierino se sentì quasi sveni'
e co' mani nervose e penzierose

la capa se gratto' da nun fini':
Poi fece appello a tutto er su' sapere
e scrisse: "Dio, Marchesa, che sedere!"

65

Fiore leggero, fior de mano morta
méttete a chiappe larghe e tutta aperta
che er culo te lo fo come 'na sporta.

Si le chiappe t'allargo e 'r culo appizzi
vedo 'na coroncina de peluzzi
neri morati, rasposetti e aguzzi
che se moveno quanno er bucio strizzi.

E guardannote er re dell'orifizzi
pure si è er posto indove tu più puzzi
me 'ngrifo tutto e te ce do de tuzzi
senza paure e senza preggiudizzi.

Tu dimeni le chiappe e te ce avvezzi,
più io lo 'nfilo dentro e più scodazzi,
a rischio er cazzo de fammelo a pezzi

te smovi tutta e tutta te sollazzi.
A te me strigno, stretto me te aggrappo
e in sempiterno er culo te l'attappo.

66

Ciài la più bella sorca immagginabbile
io ciò''n cazzo che pare 'n padre nobbile
quannò te vede nun po' resta' immobbile
te s'avvicina tutto dorce e affabbile.

Si sbava un pochettino è perdonabbile
perché lui nun pò sta' da soprammobbile
ma vo' fa da pistone d'automobbile
dentro qualunque bucio perforabbile.

Culo amabile o sorca ipersensibile
pe''r cazzo 'n c'è problema irresolubbile
fa er possibbile e pure l'impossibbile:

sia donna maritata oppure nubbile
se gonfia e parte come 'n diriggibbile
entra ner bucio, e resta irremovibbile.

67

Li peli de la sorca ciài splendenti
so' boccoletii so' così distinti
me ce farebbe barba e baffi finti,
e siccome so' duri e resistenti

pure lo spazzolino pe' li denti.
Neri morati pareno dipinti
e li scrupoli mia tutti hanno vinti
più te guardo la sorca e più me tenti:

la pelosetta bella, poffarbacco,
nun posso sta' si nun ce metto er becco
si tutta quanta io nun te la lecco

ce faccio mappa e più nun me ne stacco:
perché chi nun la lecca è un empio e un pazzo
nun cià sangue ner core, e sugo ar cazzo.

68

Fior de corona
si la sorcona tua è 'na campana
er cazzo mio è 'r batacchio che la sôna.

Si vedo de la sorca i peli ricci
me vie' fôra 'na sarva de mortacci
ciò li cojoni come pallinacci
e 'r cazzo me comincia a fa capricci.

Nina mia, qui bisogna che te spicci
e tutto ne la sorca te lo cacci
poco me 'mporta che me fai l'occhiacci
qui si nun fotto, e presto, so' pasticci.

Quanno vedo la sorca vedo rosso
nun me posso tene' si nun la scasso
l'ucello me s'è fatto granne e grosso

e s'è 'ngrifato come satanasso:
furia de cazzo nun conosce freno
bella, si oggi t'agguanto, te sdereno.

69

Fiore de rosa
io lo so che sei tutta chiesa e casa
ma sbatte te lo fai ne la pelosa.

Pe' poco che je fai tinticarello
la tu' sorcaccia va subito in callo
e un foco te ce viè che pe' smorzallo
nun te basta de viggili un drappello.

'N'anticamera pare de bordello
quer buco tuo, lo possin' ammazzallo
che nemmanco 'n gran cazzo de cavallo
je poterebbe fa' da chiavistello.

Er cazzo mio però è 'n benefattore
che mai nun manna a vôto l'orazzioni
e appena la tu' sorca va in calore

lui ce se 'nfila fino a li cojoni
perché sa che la sorca è sempre in pena
infino a che de cazzo nun è piena.

70

Le famije numerose.

Mentre che stanno a fa' la premiazzione
dei benemeriti in demografia
e già sta a da' li premi la giuria
a li più attivi a fabbrica' perzone

zompa Pierino e mette confusione
in mezzo a quelli padri de famìa
strillanno "L'opera maggiore è mia
e quindi spetta a me tutto 'er mammone!"

Er Presidente quasi te lo pista:
"Che c'entri tu, a maschie'!" Ma lui, impunito:
"Lo dite voi che qui nun c'entro gnente!

Io so' Pierino er fio de farmacista
e 'n giorno che mi' padre era sortito
ho fatto 'n bucio a tutti i sarvaggente!"

71

Allarghete le chiappe Caterina
fammelo véde quanto tu sei bona
prepara er culo bella bambolona
che te vojo scopa' a la pecorina.

Aperto mostri, o donna mia divina
er bêr paese dove l'ano sôna:
quer pertuggio che sempre m'ossessiona
nun me pô più sfuggi', né fa' manfrina.

Così de quer santissimo gregorio
e mappamonno e cupola e emisfero
hai deciso de famme l'offertorio

e de famme assaggià quer bucio nero:
la voja mia sarà dunque appagata
d'un'arcisollazzevole inculata.

72

Fiore de mazzo
l'arbero tuo a Natale ha palle assai
per ogni par de palle ha pure un cazzo.

Hai voja bella, a di' che 'r cazzo intoppa
si te lo vojo mette 'nde la trippa,
dentro de te er pistone nun s'ingrippa
e la scena che fai me pare troppa.

Ormai nun c'è più 'n cazzo che t'accoppa
né più 'no strufolone che te strippa,
se ne volò come fumo de pippa,
ogni ostacolo a chi mo' te se 'ngroppa.

E' evidente che qui c'è già passato
chi un giorno t'ha calato le mutanne:
e sai come ch'è stato o nun è stato

t'ha sbullonato tutte le serranne:
Ninetta l'hai già fatta la frittata
e ciài la sorca bella sbrillentata.

73

Fiore d'Agosto
pe' mantenette la sorchetta a posto
ciài bisogno d'un manico robbusto.

Io ciò 'n cazzetto che fa fôco e fiamme
fa tempesta uragano e terremoto
s'ingrufola si vede un buco vôto,
pe' attappallo combina un bailamme.

Perciò Ninetta mia comincia a famme
tinticarello un po' sotto lo scroto
fino a tanto che "lui" se mette in moto,
poi bùttete sul letto, apri le gamme

e allora si che sentirai che sorfa,
come che 'sto batacchio te scampana
come batte s'intrufola e s'ingorfa

in quella sorca immensa de puttana:
e senza burro e vasellina borica
ce la faremo 'na scopata storica.

74

Fiore de melassa
si te l'allarghi bene tu la fessa
l'atturibbolo mio te porto a messa.

Bella, spalanca quela tu' sorcaccia
guarda 'stocazzo come m'ariciccia
ammira si che pezzo de sarciccia
come annasa la micia e va a gattaccia.

Io nun ne posso più, guardeme in faccia
famese 'na scopata qui a la spiccia
ar cazzo mio s'è accesa già la miccia
poco manca se sputa l'animaccia.

Annamo che lo sai quanto me scoccia
a tende l'arco e a nun scocca' la freccia
er cazzo ce l'ho tosto come roccia

le palle ce l'ho dure come breccia:
pe' l'ucello ce vo' la canepuccia,
apri la sorca e mettelo a la cuccia.

75

Te metti sopra a me a smorza candele
a chiappe aperte stai che nun c'è male
quer bêr culo è pe' me 'na visuale
che dar cazzo me tira latte e miele.

A lui io je sarò sempre fedele
pe' lui la poesia me mette l'ale
perché nun c'è spettaccolo che vale
più de quello d'un culo a gonfie vele.

Perciò innarzo quest'inno ar deretano
che me sovrasta immenso come er cielo
e sur cazzo me scegne piano piano

infilannose fino a tocca' er pelo:
culo celeste, culo benedetto
possì 'st' ucello sempre tene' stretto.

76

Li lavori agricoli.

Che disastro! Pierino fece tardi
un giorno a scola, e la maestra, addosso!
'na strillata coi fiocchi, a più nun posso!
"Sei l' unico, Pierino, che nun guardi

l'orario, e che più cresci e te fai grosso
e più te fai de costumi infingardi,
più te distingui tra li più testardi!
E adesso nun sta' lí a diventa' rosso:

spiega armeno er perché." "Perché stamane
papà m'ha detto: va' a la monta Piero
e portece la vacca." "Scuse vane!

poteva farlo lui! Ma che, davero!"
E Piero: "È vero, sì, ma quer lavoro
certo però che lo fa mejo er toro! "

77

Bella, come tu smovi er cuderizzo
sotto le brache te traspare er mazzo
pensa tu cara mia sì che sollazzo
si a quer mazzo 'stocazzo te ce appizzo.

Ecco che le meningi me le strizzo
e in versi l'amor mio te lo strombazzo
te pijo la manina e me la piazzo
ner mejo punto dove intosto e addrizzo.

Sentelo bella sì che piticozzo
sbrighetete che la botta ce l'ho in pizzo
dimme che pure a te te piace un pozzo

apri bene le chiappe che mo' schizzo:
allarghelo quer culo tuo celeste
che adesso te lo concio pe' le feste.

78

Fiore de leccio
oggi scusate donne si ve scoccio
ma ciò l'ucello tutto fottereccio.

Oggi ciò li nervetti a fior de pelle
e la voja de fotte a fior de palle:
donne, le sorche coréte a lavalle
profumatele e fatevele belle

gioveni, vecchie, sposate, zitelle,
e le gambe vedete d'allargalle,
che le patacche io vojo gonfialle
e falle sôna' come ciaramelle.

Eccheme qua, veloce come un lampo
ve pìo, ve zompo addosso e poi ve pompo,
belle o brutte pe' voi nun c'è più scampo

e qualunqe pertugio lo ve lo rompo:
perché, donne, maestro io so' dell'arte
de sbuciavve le sorche a parte a parte.

79

Grazzie dar Cielo ce n'ho avute tante
ma de due a quer bravo Onnipotente
veramente je so' riconoscente:
palle de bronzo e cazzo de diamante.

Er cazzo è come torre fiammeggiante,
colonna de granito d'oriente,
un obbelisco dritto e incandescente
co' 'na capocchia lustra ch'è 'n brilliante:

le palle so' splendenti e risonanti
so' come le campane de San Pietro,
donne io ve le sôno sur davanti

e ve le sôno pure sur dedietro:
in conclusione è un cazzo questo qua
che s'incula l'intera umanità.

80

Quanno che sarò morto, un cazzo enorme
me doverete fa' de cartapesta
co' tanti nastri e fiocchi ornato a festa
e a quello vero mio tutto conforme.

Precederà er corteo: e dietro l'orme
sue marceranno in processione mesta
lagrimanno la perdita funesta,
così cantanno, sorche tristi, a torme:

Questo cazzo, Signore, abbi tu in gloria
fallo sedere armato alla tua destra
perché è 'n cazzo che passerà a la storia:

ei fu, nello scopa', d'arte maestra,
e in punto de mori' co' voce fioca,
ancora riuscì a di': Viva la foca!

(Che Dio la benedoca!)

81

Voluttuosamente tu m'abbracci
dorce tra le ginocchia me t'accucci
già socchiudi e protenni li labbrucci
m'apri le brache e fôra me lo cacci;

le palle co' 'na mano tu m'allacci
co' du' diti er cazzo me scappucci
beata su la punta te lo ciucci
co' la lingua l'avvortoli e lo schiacci.

A poco a poco tutto te l'imbocchi
leggera coi dentini me l'intacchi
le guance strigni e poi la lingua schiocchi

te lo pasteggi e più nun te ne stacchi:
io me ne vengo co' l'occhietti ciucchi
e tu la vita mia tutta te succhi.

82

L'urtima carozzella.

Sonanno a tutto fiato 'na trombetta
er sei Gennaio trotta er bôn Pierino
'n giro pe' Roma. Incontra 'n vetturino
tutto sbragato a dormicchia' in cassetta:

je fa un'urlo da fallo sorti' pazzo,
e poi, scappanno: A rospo de marana,
che te portò 'sta notte la Befana?"
E quello de lassù:" 'n pezzo de cazzo! "

"Ma bene, a vetturi', vôr di' che allora
da qui a 'n antr'anno, quanno pe' ogni tetto
la Befana cor sacco côre e barza

a porta' li rigali, a 'na cert' ora
de notte, là vicino ar caminetto,
mettece er culo ar posto de la carza!"

83

Io me ne sto disteso su la schiena
inarbero un ucello ch'é un'antenna
cazzo reale che giammai tentenna
e Francesca a du' mani me lo mena.

Nun t'annisconno che sto quasi in pena
ar penziero che lei me lo scotenna,
la forza che ce mette nun accenna
a cala', 'n antro poco me sderena.

Spigni e tira, la mazza me sfracella
er prepuzzio stirato me lo stacca
me fa schioppa', strozzanno, la cappella

li poveri cojoni me l'acciacca:
capisco mo' perché in quella tempesta
dice che ar cazzo lei je fa la festa.

Chi più l'arresta?
er cazzo trema sotto la minaccia
se squassa e torce, e sputa l'animaccia.

84

Sonetto surreale, e, sarvognuno, isòcrono.

Ve dico: si l'ucello me lo dondolo
me pare d'èsse un orologgio a pendolo
e 'sto gioco 'n c'è donna che vedendolo
nun se metta a strilla': "ma che bêr ciondolo!

Aspetta, che ner moto lo assecondo, lo
palpeggio quindi ne la man tenendolo,
de voja de scopa' tutto l'accendo, lo
faccio ingrufa' per bene e fino in fondo lo

sistemo ne la fica che me sbrodola
lo risucchio l'avvolgo e me lo coccolo,
la sorca a me me canta come allodola

lui ce starnazza come un anatroccolo....."
E a questo punto er cazzo mio s'incavola
perché s'accorge ch'è tutta 'na favola.

85

Fior de Settembre
der bosco de la fica sotto l'ombre
vedrai 'stocazzo che prodiggi compie.

Er giorno che giocanno a acchiapparella
tu sverta m'acchiappassi pe' 'na palla
la mano tua pareva 'na farfalla
io sospirai: "Nun c'è cosa più bella!

Si tu m'allisci pure la cappella
e stai quarche momento a tinticalla
la fava me se gonfia, che a guardalla
sortanto, te se bagna la ciambella."

Tu allora sorridenno e co' dorcezza
l'ucello te pijasti su 'na mano,
co' l'antra su la groppa 'na carezza

su e giù je facesti piano piano,
quindi lesta me scivolassi sotto
e te lo misi dentro l'O de Giotto.

86

E mamma me l'ha fatta la pistola
e tata me l'ha detto ingrilla e spara.

Er cazzo mio pe' te sospira e sbava
môre de voja de sbatte 'n po' l'ova
perciò fàmmela fa' 'sta cosa nôva
nell'orticello tuo pianta' la fava.

Tu sai che pure in cielo chi nun chiava
confessor che l'assorve nu' lo trova
così 'n te resta a te che fa' 'na prova
e beccatte 'st'ucello ch'è 'na clava.

Vedrai che te farà tutta giuliva
'sto gioco bello assai der mette e leva
sona' 'r tamburo e poi mena' la piva.

come fecero 'n giorno Adamo ed Eva;
e quanno er gusto te metterà l'ale
lancerai 'na scoreggia trionfale.

87

Fior de palude
sapessi tu si quanto er cazzo gode
a rimira' mille sorchette ignude.

Sorchette attente, e chiappe dorci all'erta
già er cazzo ne le brache s'arivorta
e si quarcuna nun è più che accorta
la fine sua è segnata e più che certa.

Er cazzo già la testa s'è scoperta
come li paladini de 'na vorta,
già vo' stura' la sorca ch'è più corta
già vo' attappa' la sorca ch'è più aperta;

e pure voi culetti rubbiconni
bianchi morbidi lisci e delicati
state attenti che 'r cazzo nun ve sfonni

e ve faccia arimàne smandrappati,
perché de voi chi meno se l'aspetta
veloce er cazzo mio se l'inchiappetta.

88

La storia dell'arte.

Pierino, quer dannato frugoletto,
interogato da la maestrina
circa la Venere Capitolina
se n'esci' a un tratto: "Anvedi che bêr petto!"

"Mascarzoncello! E' questo er tuo rispetto
pe' le cose dell'arte? Domattina
faccia tu' padre qui 'na capatina
e je riferirò quello che hai detto!"

Er giorno appresso er padre de Pierino
sentita bene bene la questione
lascia parti' 'na pizza ar regazzino:

"La maestra cià mille e 'na ragione!
E' possibile, brutto deficènte,
che quer culo 'n te dica proprio gnente?"

89

Er cazzo me lo chiama lei l'ampolla
dell'elisir de vita, e me lo sgrulla:
cià lo sguardo de semplice fanciulla
ma cià 'na stretta ferrea che nun molla,

me lo sbatacchia e storce e strìzza e scrolla
le palle poco manca le maciulla
a girotonno er manico me frulla
fino che in punta fa monta' la colla.

D'antra parte, 'na bella strapazzata
je sta bene a 'sto ciufolo bislacco
che penza solamente a la scopata,

de fregnacce me ne combina un sacco,
e dopo tutto quer che me fa fa'
me dice pure: "Porteme a piscia".

90

La sorca tua cià dentro 'na tenaja
che lavora co' mille arti de troia,
quanno che 'r cazzo fumiga de voja
lei se lo tira dentro e lo battaja;

lo spilluzzica e sfotte da canaja
pìzzica morde strigne strizza e ingoia
in bilico lo tie' tra rabbia e gioia,
co' 'na stretta finale me lo squaja,

lo frantuma lo sfragne e lo cianciuja.
Ma er cazzo mio ce gode a 'sta tortura
trema grufola sbrodola e farfuja

de dolore e piacer insieme sbura:
in paradiso voleno l'ucelli
quanno la sorca ce li fa a brandelli.

91

Fiore d'alloro
oggi ho fatto 'n sonetto sindacale
basato sui conflitti de lavoro.

Vedi un manico a pelo e te ce tuffi
allunghi la manina e te l'arraffi
ma questa vôrta, bella, ce fai baffi,
ciò er cazzo moscio e li cojoni muffi.

Pure si da la rabbia fremi e sbuffi
pure si tu le palle me le sgraffi,
pure si er pelo me lo strappi a ciuffi
pe' 'r culo tuo t'hai da cerca' antri zaffi.

Oggi l'ucello è in sciopero ad ortranza
è tutto penzieroso e ciurcinato
ha incrociato le braccia ar fonno panza

e sta su li cojoni appollaiato.
A te, povera sorca sfortunata
nun t'arimane che fa' la serrata.

92

Si le chiappe der culo te le frusto
e pretenno punitte, ad ogni costo,
pizzicanno ogni buco più riposto,
certo che ne viè' fori un bêr trambusto.

Io ce marcio de manico robbusto
tu strilli piagni e implori perché sosto
er culo tuo pare 'n gambero arrosto
pe' quanto è rosso. Eppure un certo gusto

tu ce lo provi: fai l'occhio de trija
le chiappe allarghi, che me venga voja,
e così combinamo un parapija

incavicchianno er porco co' la troja:
er culo offre un piacere ar cazzo sadico
affettuosamete enigghematico.

93

Fior de gaggìa
mannaggia tutti li mortacci tua
tu m'hai impestato, e mo' so' cazzi mia.

Povero cazzo! Stilla crema gialla,
quanno piscio me fa vede' le stelle
'na palla s'è ridotta a sola pelle
e 'n cocommero pare l'antra palla.

Nun poteva, la possin' ammazalla,
dimme: "Ciò er foco dentro a le budelle,
statte lontano e cerchete antre celle
che io le cose mie devo curalle?"

Adesso me ne sto pieno de strizza,
me lo pallegio con un'aria affranta
la sorte dell'ucello me sgomenta:

povero cazzo mio, più nun adrizza
de voja de scopa' lui ce n'ha tanta
ma è bôno solo a fabbrica' polenta.

94

"Qual'è la cosa che de più ve piace"
è 'r tema d'italiano. Er bôn Pierino
scrive sverto: "LA FICA". Per benino
piega er fojo, consegna, aspetta e tace.

Er maestro, co' strilli da rapace:
"Mascarzone, deggenerre, assassino!
Venga tu' padre qui, de bôn mattino
domani stesso; e de che sei capace

l'informerò." Pierino er giorno appresso
se ripresenta solo. "Ar mio cospetto
così ritorni?" strilla quell'ossesso.

E timido Pierino: "Papà ha detto
che je dispiace, ma nun vie' a trovarla,
perché lui, co' li froci, nun ce parla!"

95

Fortuna che, 'n finisco de lodallo,
ho trovato 'n dottore ch'è 'n portento
e coll'opera sua già me lo sento
che presto guarirò dar piscio callo.

L'ucello m'è venuto a visitallo
me l'ha guardato bene fôra e drento
de prove me n'ha fatte più de cento
poi m'ha dato 'na cura senza fallo:

"Riposo a letto, brodo de gallina,
culo de serva presto la mattina,
rapida fregagion de fresca ortica

su le palle, e ogni tanto un po' de fica,
afferrare un bêr bischero de mulo,
strofinasselo bene intorno ar culo.

Occorrendo ripetere."

96

Fiore d'Ottobre
si quarzivoja donna er bucio scopre
troverà sempre un cazzo che je l'apre.

Meditavo su cazzo e geometria
e come e quanto che ha da êsse grosso:
Ha da êsse la mazza d'un colosso?
O un pisello comunque e purchessia?

E de lunghezza, quanto vôi che sia?
'Na pertica? 'N barattolo? Che posso
di' sur problema che m'ha ben commosso?
Ar dunque, è questa l'opinione mia,

e de tutte le donne, e brutte e belle:
né troppo grosso sia che 'r buco atturi
facenno un male da vede' le stelle,

né troppo lungo sia che 'r buco sturi
a rischio de sfonnaje le budelle;
ma che sia bello duro, e a lungo duri.

97

Sempre me so' piaciute donne grasse
e badiali, e più che ce ne fosse
de ciccia, e più l'ucello se commosse,
disposto in ogni modo a intrufolasse

cercanno buci in mezzo a quelle masse
tremolanti a le più leggere scosse.
Tanto so' mejo quanto più so' grosse
e braccia e zinne, e da le parti basse

ce sta 'no strabocchevole trippame,
ce so' chiappe che peseno quintali
sorche immense e rigonfie ner pelame

e coscione ce so' monumentali:
e in mezzo a tutte quelle enormità
er cazzo se strafoga da pascià!

98

Bella, quanno l'ucello me scapocchi
a parti' da la pelle me lo lecchi,
co' li dentini aguzzi me lo becchi,
tra le labbrucce dorci te l'imbocchi,

lo succhi tutto e poi la lingua schiocchi,
me tremeno le gambe come stecchi,
chiudo l'occhi, me ronzeno l'orecchi,
me ne vengo a funtana, e casco a tocchi.

Ma la partita no, nun è finita,
m'abbasta 'na carezza a li cojoni,
mastro bischerio mio ritorna in vita:

t'arivorto, te metto a pecoroni,
la sorca pe' li cazzi è 'na tajola
l'ucello mio dentro la tua ce vola.

99

Fior de mentuccia
io preferisco la maniera spiccia
arzo l'ucello e te lo sbatto in faccia;
e si t'azzardi a fa' quarche protesta
l'arzo de nôvo e te lo sbatto in testa.

E' inutile, Nine'; che famo a tigna
e che me dichi che tu ciài vergogna,
er cazzo er culo tuo già se lo sogna
e nun t'abbada a la facciaccia arcigna.

L'inculata sarà un pochetto asprigna,
ma quer bêr culo tuo, cara, bisogna
che te lo faccio come 'na zampogna
e fino in fonno cià da entra' 'sta pigna.

Io co' le palle te ce gioco a bocce
su le chiappe der culo, e devi stacce:
le palle ce l'ho toste come rocce,

nun sento né lusinghe né minacce,
batti e ribatti er culo te lo sfragno,
te lo faccio a pezzetti, e me lo magno.

100

Un bêr giorno un vecchietto penzò bene
de passa' a giuste nozze; e immantinente
scérta 'na donna giovine e avvenente
strinse co' lei er nodo dell'imene.

La prima notte poi, mentre la dama
l'aspettava nel letto, co' serafica
calma, 'na bella penna stilografica
se mise ner taschino der piggiama.

Er gesto nôvo e l'espressione arcana
nun poterono fa' che ar su' diletto
nun chiedesse la sposa a quale strana

funzione riservasse quell'oggetto;
ar che rispose lui tutto giulivo:
"Cara sposina, si nun vengo, scrivo!"

101

Lecca pianino: parti da le palle,
fammele dandola' co' du' colpetti,
co' quei labbrucci dolci e benedetti
un po' le sbatti e un po' stai a succhialle.

Le labbra tue pareno du' farfalle
adesso li passaggi so' perfetti
li cojoni me strigni e te li metti
fra le zinnone tue morbide e calle.

Ecco risali su lungo la stecca
a la cappella fai tocco e nun tocco
te la pasteggi come un lecca lecca:

io me ne vengo, er cazzo è fatto allocco,
strigni le labbra e co' 'na mossa secca
te lo stappi de bocca co' lo schiocco.

pplock!

102

Fiori perfetti
er cazzo mio cià er pelo a boccoletti,
guarda' la sorca je fa un bell'effetto
ridacchia lustro sotto li baffetti.

Io ciò 'n cazzetto tutto lindo e pinto
che chi lo vede dice è bello tanto
aggrazziato e gentile ch'è un incanto
l'occhi ve fa arifa' tanto è distinto.

Lui pe' le belle sorche cià un istinto
che si quarcuna je ne passa accanto
s'arma e 'ngrifa e folleggia, e, nun c'è santo,
più nun se ferma fin che nun ha intinto.

Venite dunque qui, che qui ce l'ho,
donne belle che voi ve n'intennete,
un cazzetto galante e rococò

che v'aricrea dovunque lo mettete:
venite, che co' tatto e co' creanza
lui ve riempie er buco de la panza.

103

Vojo scopa', mannaggia la puttana!
Da la voja er cervello me rintrona
l'ucello ne le brache m'ossessiona
nun trovo sorca da 'na settimana.

Su 'na portrona o sopra un'ottomana
io me la sto a sogna' supina e prona,
in piedi, accovacciata e pecorona,
bella aperta che ride e se spampana.

E vedo culi e chiappe e cosce e pelo
roteanti in continua baraonna
che vorteggianno turbineno in cielo:

e pure er firmamento, a notte fonna,
che m'avvorge de maggica armonia,
pare un'immensa sorca, all'occhi mia.

104

Fior de Novembre
sôr' Assunta guardate si che membro
penzate 'n po' si er culo ve l'ingombro.

Er cazzo mio vestito va de gala
cià er prepuzietto messo a sottogola
pare 'na gorgerina a la spagnola
o 'n abbitino fatto a martingala.

Cià la pelle a anellucci messi a scala
pelle de seta fina che consola
le vene so' un merletto de viola
cià 'na bellezza, cià, che l'immortala.

Venite dunque qui, voi sôra Assunta,
voi che mettete tutti i cazzi a fila,
guardate com'è bianco e rosso in punta

'n ce n'è uno uguale in mezzo a centomila:
Venite avanti, arzateve la vesta:
e vederete come ve fa festa.

105

Fior de Dicembre
quanno ar mercato te ne vai pe' compre
da acquista' quarche cazzo trovi sempre.

Ninetta bella guarda 'sto batacchio
come te dice che je piaci un mucchio
è primavera e me sento in risucchio
quarche bucetto mo' te lo sforacchio.

Lo sai, pe' te spernicchio e poi spernacchio
mille frasi d'amore te le accucchio
t'attasto un po', t'alliscio e te sbaciucchio,
e già è bello che fatto er pateracchio.

Apri le labbra de la tu' sorcona
tutta lucente e rossa porporina
che me sorríde da simpaticona

in mezzo ar ciuffo de peluria fina:
mastro bischero mio de voja impazza
io te l'infílo dentro, e famo razza.

106

Quanto me piace a me d'anna pe' fratte
a arivortamme in mezzo a le mignotte
io ce starebbe insieme giorno e notte
abbasta che quarcuna se fa sbatte.

Noi se mettemo in mille pose matte
ne combínamo de crude e de cotte
intorcínati e incavicchiati a fotte
fin che se ne venimo a cateratte.

Pe' tera, in piedi, a 'n arbero appoggiata,
a gambe larghe stesa sopra 'r fieno,
sempre è 'na splendidissima chiavata

sotto er sole d'estate, a ciel sereno:
ma la mejo de tutte è a pecoroni
co' l'erba che te puncica i cojoni.

107

Cento sonetti fa ho cominciato
e mo' co' questo ho bello che finíto
spero d'avevve in fonno divertito
ma è tempo adesso de penza' ar commiato.

Tutto quer che sapevo ho ariccontato
pe' dillo in rima me ce so' ammattito
rintorcinato e un po' rincojonito,
ma er cazzo ancora nun me s'è sgonfiato;

forse forse m'ha preso un po' d'aceto
ma s'arisente e s'arimette in moto
perché, pur se a piantalla so' ben lieto,

l'urtima botta sua nun vada a vôto:
perciò, dopo ave' bene rífflettuto
io ve lo metto ar culo, e ve salúto.